DISCOURS

PRONONCÉS AUX FUNÉRAILLES DU GÉNÉRAL DE DIVISION

SAGET

CHEF D'ÉTAT-MAJOR GÉNÉRAL DU GOUVERNEUR MILITAIRE DE PARIS

GRAND OFFICIER DE LA LÉGION D'HONNEUR

VICE-PRÉSIDENT DU CONSEIL GÉNÉRAL DE L'OISE

PRÉSIDENT DE LA COMMISSION MILITAIRE SUPÉRIEURE

DES CHEMINS DE FER, ETC.

Le 24 Juillet 1875

DISCOURS

PRONONCÉS AUX FUNÉRAILLES

DU

GÉNÉRAL DE DIVISION SAGET

CHEF D'ÉTAT-MAJOR GÉNÉRAL DU GOUVERNEUR MILITAIRE DE PARIS

GRAND OFFICIER DE LA LÉGION D'HONNEUR

VICE-PRÉSIDENT DU CONSEIL GÉNÉRAL DE L'OISE

PRÉSIDENT DE LA COMMISSION MILITAIRE SUPÉRIEURE DES CHEMINS DE FER, ETC.

LE 24 JUILLET 1875

PARIS

TYPOGRAPHIE FIRMIN-DIDOT ET CIE

RUE JACOB, 56

—

1875

DISCOURS

DU

GÉNÉRAL DE DIVISION DE LADMIRAULT

GOUVERNEUR DE PARIS.

Messieurs,

Je viens adresser un dernier adieu à l'éminent général qui nous laisse de si profonds regrets. — Sa carrière s'est, à bien dire, écoulée au milieu des camps ; car il prit part à peu près à tous les faits militaires qui se sont accomplis, à notre époque, dans une période de plus de quarante années.

Sorti de l'école d'État-Major en 1833, il vint bientôt en Afrique faire ses premières armes. Dès le début, son dévouement à ses devoirs et son entrain lui méritaient l'estime de ses chefs et lui conciliaient l'amitié et la considération de ses camarades. Les occupations du service ne purent interrompre son goût pour l'étude et, chaque jour, il élevait le niveau de ses connaissances ; aussi fut-il promptement remarqué par les divers généraux qui se succédèrent dans les commandements en Algérie : tous l'employèrent à des travaux spéciaux que son intelligence prompte lui rendait faciles.

L'attention du maître, du Maréchal Bugeaud, s'arrêta bien vite sur un officier dont il avait pu apprécier l'aptitude générale ; il l'attacha à sa personne en qualité d'aide de camp. — Saget resta dans ce poste jusqu'à la mort de l'illustre maréchal, dont il était devenu l'ami autant que l'aide de camp. — A cette époque, en 1849, il fut nommé chef d'escadron.

Le ministre de la Guerre, le maréchal Saint-Arnaud, s'empressa de le prendre à son État-Major. — Chargé de missions importantes qu'il sut remplir avec une rare habileté, il fut nommé lieutenant-colonel en 1852 et envoyé à Rome, dans l'emploi de chef d'État-Major du corps d'occupation. — Placé ensuite comme colonel, au Dépôt de la Guerre, il y accomplit des travaux importants. En 1859, il reçut la mission de préparer l'entrée de nos troupes en Italie, et à la fin de la campagne il prit la part la plus grande aux travaux préparatoires de l'annexion de la Savoie à la France.

Tous ces travaux le conduisirent en 1864 au grade de Général de brigade. — C'est dans ce grade qu'en 1870, il fut appelé aux fonctions de chef d'État-Major du deuxième corps de l'armée du Rhin. — Il prit part aux combats que ce corps d'armée eut à soutenir à Forbach et plus tard sous Metz. — Dans cette fatale épopée de notre histoire militaire il sut se faire remarquer par son habileté de chef d'État-Major, par son courage et sa résignation. Ses services lui valurent le grade de Général de division.

Prisonnier de guerre de novembre 1870 au mois de mars 1871, à peine la paix fut-elle connue, n'écoutant que son patriotisme, il s'empressa d'accourir à Versailles pour se mettre à la disposition du gouvernement qui avait à combattre l'insurrection de la Commune, et fut nommé chef d'État-Major général du premier corps d'armée, placé sous mon commandement. Là je pus être témoin de son activité, de son dévouement, de sa prévoyance dans le service et de sa sollicitude pour le bien-être du soldat. — Son maintien dans les mêmes fonctions auprès du gouverneur militaire de Paris me permit d'apprécier la prudence de ses conseils dans les ménagements à apporter à la rigueur du commandement et aux mesures prises pour maintenir l'ordre dans Paris, y ramener la tranquillité, assurer le travail dans les classes ouvrières; enfin rendre à la capitale son ancienne physionomie. Sa part dans cette tâche lui mérita la croix de grand officier.

Ardent au travail et toujours dominé par l'intérêt général, il prit part aux dispositions importantes de notre organisation militaire et, à ce titre, il fut nommé président de la commission des chemins de fer composée de personnages importants, d'une haute compétence et d'une valeur reconnue. Il sut s'attirer leur estime et leur considération. Leurs efforts communs parvinrent à établir le fonctionnement rapide d'un vaste service indispensable à la mobilisation de nos forces militaires.

Son dévouement au pays ne se borna pas à ces services purement militaires : membre du conseil général du département de l'Oise, comme conseiller, puis comme vice-président, il y fit preuve d'une grande aptitude aux affaires et d'une connaissance parfaite des besoins et des intérêts du département. Là aussi bien qu'ailleurs, il sut se concilier l'estime et la considération générales.

Tel a été le chef militaire et le fonctionnaire intelligent : — il reste encore l'homme d'intérieur, le chef du foyer domestique. — Chez lui il sut offrir une hospitalité généreuse où venaient se grouper des amis dévoués attirés par son caractère franc et loyal, par sa bienveillance et son empressement à rendre service. — Obligeant par nature, il était toujours prêt à soulager l'infortune. — Le charme de son intérieur était vivement rehaussé par la bonté, la douceur, les soins d'une compagne attentive. — Épouse chrétienne, quand elle entrevit le danger, elle s'empressa d'appeler les secours de la religion. La douleur l'accable aujourd'hui ; puissent nos regrets adoucir l'amertume de ses chagrins ! Mais dans sa tristesse elle éprouvera la satisfaction de porter avec fierté le nom d'un général honoré par une carrière glorieusement parcourue et toute sacrifiée au service du pays.

Dans l'armée, le général Saget laisse non-seulement le souvenir d'un chef habile, le grand exemple de la puissance du travail ; mais encore celui d'un grand citoyen qui sut toujours aimer et servir sa patrie jusqu'à l'abnégation de sa personne.

DISCOURS DE M. CHOPPIN

PRÉFET DE L'OISE.

MESSIEURS,

L'État a fait une grande perte dans la personne
du général Saget, le département de l'Oise n'en
souffre pas une moins sensible. Ce n'est pas que j'aie
la prétention de comparer les services que le général rendait à la France dans la carrière des armes
avec le bien qu'il faisait dans notre Conseil dépar-
temental; mais en vous disant ce qu'il a été dans ce
milieu plus modeste, j'ajouterai une ressemblance
de plus au portrait de cet homme à la fois excellent
et supérieur, et ses amis ne sauraient m'en vouloir
d'accroître les raisons que nous avons tous de le
pleurer.

C'est en 1858 que le général est entré au Conseil
général de l'Oise, comme représentant du canton
de Grandvilliers. Ni cette fois, ni plus tard (à aucune
reprise), son élection ne fut disputée, et je puis dire
qu'il n'aurait jamais eu de compétiteur. Un seul

mot expliquera une bonne fortune aussi rare : tout le monde le connaissait dans son canton ; par conséquent tout le monde l'aimait. C'était le privilége de cette nature si franchement ouverte, si simplement bonne. Je n'ai rencontré personne qu'il n'ait conquis au premier abord, et comme c'était par le cœur qu'il prenait les gens, il les prenait pour toujours.

Dans le Conseil général, il tint tout de suite une grande place. Ses études en topographie en avaient presque fait un ingénieur, et il eut l'influence la plus décisive sur tout ce qui touchait à la construction de nos routes et de nos chemins de fer. La raison d'ailleurs était chez le général en harmonie avec le caractère. Il ne fallait pas avoir causé avec lui dix minutes pour apprécier le sens exact et droit qu'il avait de toutes choses. Aussi le suffrage de ses collègues, quand il s'agissait de rapporter les affaires les plus difficiles ou de présider les plus laborieuses commissions, se portait-il naturellement sur lui. Un grand point, dans les assemblées départementales, est de maintenir l'équilibre entre toutes les parties du département sans en sacrifier aucune. Il était à cet égard un arbitre admirable : jamais je n'ai vu contester ses décisions, tant il savait allier de charme à son autorité.

Aussi bien en 1871, quand la loi eut rendu aux conseils généraux la nomination de leurs bureaux, fut-il associé d'un accord unanime à la présidence du

Prince qui avait été son compagnon d'armes et dont il était resté l'ami. Et nous réservions un autre couronnement à sa carrière. Il eût suffi que la loi qui se prépare en ce moment même autorisât les généraux de division sénateurs à garder leur épée pour que le département de l'Oise confiât au général Saget le soin de le représenter dans la première assemblée du pays. Tous auraient été certains de bien mériter de la France en remettant un pareil mandat à cette ferme intelligence, à cette haute expérience des choses publiques, à ce soldat qui montrait tant de science et de sagesse dans les conseils, tant de solidité dans l'action, à cet excellent citoyen dont le patriotisme était élevé au-dessus de toutes les tentatives de l'esprit de parti.

Dieu, Messieurs, en le rappelant à lui par un coup soudain, nous interdit ces espérances. Courbons-nous sous la main divine qui nous châtie, et que notre résignation imite celle de cette veuve courageuse, préparée et aguerrie par tant de douleurs à cette douleur imprévue. Gardons seulement, au plus profond de nous-mêmes, le souvenir et le respect de ces hommes de bien, de ces hommes de cœur qui nous quittent, si, dans les nouvelles épreuves qui peuvent nous atteindre, nous ne voulons pas être accusés d'avoir dégénéré.

DISCOURS DE M. PICARD

MEMBRE DU CONSEIL GÉNÉRAL DE L'OISE.

MESSIEURS,

Celui que nous venons de déposer dans sa der-
nière demeure n'était pas seulement l'officier
général brave, modeste et distingué que vous con-
naissez tous ; à ces grandes qualités du soldat il
joignait au plus haut degré toutes celles qui consti-
tuent l'homme de bien, l'ami dévoué, le citoyen
utile.

Permettez à celui qui s'honore d'avoir été son
collègue dans la vie publique, son ami dans la vie
privée, d'ajouter quelques mots aux paroles d'adieu
que vous venez d'entendre.

Membre depuis 1858 du conseil général de l'Oise,
pour le canton de Grandvilliers, le général Saget en
devint bientôt le vice président ; par sa loyauté, sa
droiture, sa grande bienveillance, il s'y était fait
tout de suite une place qu'aucun de ses collègues
n'aurait jamais songé à lui contester.

Son aptitude, ses connaissances spéciales, l'avaient tout naturellement appelé à la présidence de la commission des routes et chemins ; et c'est en cette qualité qu'il sut imprimer à l'exécution de nos voies de communication l'impulsion qui a donné au département de l'Oise le réseau vicinal dont il a le droit d'être si fier. Il savait si bien, en même temps, à l'aide de son grand esprit d'équité et de modération, concilier les intérêts si divers et si contradictoires que soulèvent d'habitude ces sortes de questions dans nos assemblées départementales !

Personne dans le conseil de l'Oise ne peut avoir oublié que c'est aux études approfondies de notre cher et regretté collègue, que c'est à sa judicieuse perspicacité que notre département doit l'adoption de nos nombreux chemins de fer et de leur mode d'exécution.

Et c'est bien là assurément un de ses titres les plus fondés à la reconnaissance publique.

Le moment était venu où cette reconnaissance allait se manifester ; le général Saget était, dans la pensée de tous ses concitoyens, désigné d'avance pour occuper au sénat l'une des places réservées au département.

Mais Dieu n'a pas voulu qu'il reçût en ce monde la juste récompense de ses vertus, de ses travaux ; et il nous enlève avant le temps l'homme de guerre distingué qui pouvait encore rendre de si grands services à la patrie; le conseiller général si dévoué à son canton, si utile aux intérêts de son département; l'ami si franc, si loyal, si sincère, qu'aucun de ceux qui l'accompagnent ici ne peut espérer pouvoir jamais remplacer.

Inclinons-nous devant les arrêts de la Providence, et ne cherchons pas à en pénétrer les secrets. Recueillons-nous avec respect sur cette tombe qui se ferme et réservons toute notre énergie, tout notre courage pour apporter à sa digne et si malheureuse compagne, à son fils d'adoption, à son frère bien-aimé, dont il avait été le véritable père, les consolations compatibles avec leur grande et légitime douleur.

C'est un pieux devoir qui s'impose à tous ceux qui le pleurent; pour ma part je n'y faillirai pas.

43

www.ingramcontent.com/pod-product-compliance
Lightning Source LLC
Chambersburg PA
CBHW051322050726
47595CB00008B/3660